Carnet de suivi du Bébé

NOM DU BÉBÉ :
_____

Carnet de suivi

Date

Horaire du repas

Heure	Nourriture	Quantité

Horaire de sommeil

Début	Fin	Temps total

Activités

baby

Notes

....
....
....
....
....

liste de courses

Couches

Temps	pipi	caca
....	☐	☐
....	☐	☐
....	☐	☐
....	☐	☐
....	☐	☐
....	☐	☐
....	☐	☐
....	☐	☐

Carnet de suivi

Date

Horaire du repas

Heure	Nourriture	Quantité

Horaire de sommeil

Début	Fin	Temps total

Activités

baby

Notes

....
....
....
....
....

liste de courses

Couches

Temps	pipi	caca
....	☐	☐
....	☐	☐
....	☐	☐
....	☐	☐
....	☐	☐
....	☐	☐
....	☐	☐
....	☐	☐

Carnet de suivi

Date

Horaire du repas

Heure	Nourriture	Quantité

Horaire de sommeil

Début	Fin	Temps total

Activités

baby

Notes

....
....
....
....
....

liste de courses

Couches

Temps	pipi	caca
.....	☐	☐
.....	☐	☐
.....	☐	☐
.....	☐	☐
.....	☐	☐
.....	☐	☐
.....	☐	☐
.....	☐	☐

Carnet de suivi

Date

Horaire du repas

Heure	Nourriture	Quantité

Horaire de sommeil

Début	Fin	Temps total

Activités

baby

Notes

....
....
....
....
....

liste de courses

Couches

Temps	pipi	caca
....	☐	☐
....	☐	☐
....	☐	☐
....	☐	☐
....	☐	☐
....	☐	☐
....	☐	☐
....	☐	☐

Carnet de suivi

Date

Horaire du repas

Heure	Nourriture	Quantité

Horaire de sommeil

Début	Fin	Temps total

Activités

baby

Notes

....
....
....
....
....

liste de courses

Couches

Temps	pipi	caca
......	☐	☐
......	☐	☐
......	☐	☐
......	☐	☐
......	☐	☐
......	☐	☐
......	☐	☐
......	☐	☐

Carnet de suivi

Date

Horaire du repas

Heure	Nourriture	Quantité

Horaire de sommeil

Début	Fin	Temps total

Activités

baby

Notes

....
....
....
....
....

liste de courses

Couches

Temps	pipi	caca
....	☐	☐
....	☐	☐
....	☐	☐
....	☐	☐
....	☐	☐
....	☐	☐
....	☐	☐
....	☐	☐

Carnet de suivi

Date

Horaire du repas

Heure	Nourriture	Quantité

Horaire de sommeil

Début	Fin	Temps total

Activités

baby

Notes

....
....
....
....
....

liste de courses

Couches

Temps	pipi	caca
....	☐	☐
....	☐	☐
....	☐	☐
....	☐	☐
....	☐	☐
....	☐	☐
....	☐	☐
....	☐	☐

Carnet de suivi

Date

Horaire du repas

Heure	Nourriture	Quantité

Horaire de sommeil

Début	Fin	Temps total

Activités

baby

Notes

....
....
....
....
....

liste de courses

Couches

Temps	pipi	caca
....	☐	☐
....	☐	☐
....	☐	☐
....	☐	☐
....	☐	☐
....	☐	☐
....	☐	☐
....	☐	☐
....	☐	☐

Carnet de suivi

Date

Horaire du repas

Heure	Nourriture	Quantité

Horaire de sommeil

Début	Fin	Temps total

Activités

baby

Notes

....
....
....
....
....

liste de courses

Couches

Temps	pipi	caca
....	☐	☐
....	☐	☐
....	☐	☐
....	☐	☐
....	☐	☐
....	☐	☐
....	☐	☐
....	☐	☐

Carnet de suivi

Date

Horaire du repas

Heure	Nourriture	Quantité

Horaire de sommeil

Début	Fin	Temps total

Activités

baby

Notes

....
....
....
....
....

liste de courses

Couches

Temps	pipi	caca
....	☐	☐
....	☐	☐
....	☐	☐
....	☐	☐
....	☐	☐
....	☐	☐
....	☐	☐
....	☐	☐
....	☐	☐

Carnet de suivi

Date

Horaire du repas

Heure	Nourriture	Quantité

Horaire de sommeil

Début	Fin	Temps total

Activités

baby

Notes

....
....
....
....
....

liste de courses

Couches

Temps	pipi	caca
.....	☐	☐
.....	☐	☐
.....	☐	☐
.....	☐	☐
.....	☐	☐
.....	☐	☐
.....	☐	☐
.....	☐	☐

Carnet de suivi

Date

Horaire du repas

Heure	Nourriture	Quantité

Horaire de sommeil

Début	Fin	Temps total

Activités

baby

Notes

....
....
....
....
....

liste de courses

Couches

Temps	pipi	caca
......	☐	☐
......	☐	☐
......	☐	☐
......	☐	☐
......	☐	☐
......	☐	☐
......	☐	☐
......	☐	☐

Carnet de suivi

Date

Horaire du repas

Heure	Nourriture	Quantité

Horaire de sommeil

Début	Fin	Temps total

Activités

baby

Notes

....
....
....
....
....

liste de courses

Couches

Temps	pipi	caca
.....	☐	☐
.....	☐	☐
.....	☐	☐
.....	☐	☐
.....	☐	☐
.....	☐	☐
.....	☐	☐
.....	☐	☐

Carnet de suivi

Date

Horaire du repas

Heure	Nourriture	Quantité

Horaire de sommeil

Début	Fin	Temps total

Activités

baby

Notes

....
....
....
....
....

liste de courses

Couches

Temps	pipi	caca
....	☐	☐
....	☐	☐
....	☐	☐
....	☐	☐
....	☐	☐
....	☐	☐
....	☐	☐
....	☐	☐
....	☐	☐

Carnet de suivi

Date

Horaire du repas

Heure	Nourriture	Quantité

Horaire de sommeil

Début	Fin	Temps total

Activités

baby

Notes

....
....
....
....
....

liste de courses

Couches

Temps	pipi	caca
....	☐	☐
....	☐	☐
....	☐	☐
....	☐	☐
....	☐	☐
....	☐	☐
....	☐	☐
....	☐	☐

Carnet de suivi

Date

Horaire du repas

Heure	Nourriture	Quantité

Horaire de sommeil

Début	Fin	Temps total

Activités

baby

Notes

....
....
....
....
....

liste de courses

Couches

Temps	pipi	caca
....	☐	☐
....	☐	☐
....	☐	☐
....	☐	☐
....	☐	☐
....	☐	☐
....	☐	☐
....	☐	☐
....	☐	☐

Carnet de suivi

Date

Horaire du repas

Heure	Nourriture	Quantité

Horaire de sommeil

Début	Fin	Temps total

Activités

baby

Notes

....
....
....
....
....

liste de courses

Couches

Temps	pipi	caca
....	☐	☐
....	☐	☐
....	☐	☐
....	☐	☐
....	☐	☐
....	☐	☐
....	☐	☐
....	☐	☐
....	☐	☐

Carnet de suivi

Date

Horaire du repas

Heure	Nourriture	Quantité

Horaire de sommeil

Début	Fin	Temps total

Activités

baby

Notes

....
....
....
....
....

liste de courses

Couches

Temps	pipi	caca
....	☐	☐
....	☐	☐
....	☐	☐
....	☐	☐
....	☐	☐
....	☐	☐
....	☐	☐
....	☐	☐
....	☐	☐

Carnet de suivi

Date

Horaire du repas

Heure	Nourriture	Quantité

Horaire de sommeil

Début	Fin	Temps total

Activités

baby

Notes

....
....
....
....
....

liste de courses

Couches

Temps	pipi	caca
....	☐	☐
....	☐	☐
....	☐	☐
....	☐	☐
....	☐	☐
....	☐	☐
....	☐	☐
....	☐	☐

Carnet de suivi

Date

Horaire du repas

Heure	Nourriture	Quantité

Horaire de sommeil

Début	Fin	Temps total

Activités

baby

Notes

....
....
....
....
....

liste de courses

Couches

Temps	pipi	caca
....	☐	☐
....	☐	☐
....	☐	☐
....	☐	☐
....	☐	☐
....	☐	☐
....	☐	☐
....	☐	☐

Carnet de suivi

Date

Horaire du repas

Heure	Nourriture	Quantité

Horaire de sommeil

Début	Fin	Temps total

Activités

baby

Notes

....
....
....
....
....

liste de courses

Couches

Temps	pipi	caca
......	☐	☐
......	☐	☐
......	☐	☐
......	☐	☐
......	☐	☐
......	☐	☐
......	☐	☐
......	☐	☐

Carnet de suivi

Date

Horaire du repas

Heure	Nourriture	Quantité

Horaire de sommeil

Début	Fin	Temps total

Activités

baby

Notes

....
....
....
....
....

liste de courses

Couches

Temps	pipi	caca
....	☐	☐
....	☐	☐
....	☐	☐
....	☐	☐
....	☐	☐
....	☐	☐
....	☐	☐
....	☐	☐

Carnet de suivi

Date

Horaire du repas

Heure	Nourriture	Quantité

Horaire de sommeil

Début	Fin	Temps total

Activités

baby

Notes

....
....
....
....
....

liste de courses

Couches

Temps	pipi	caca
.....	☐	☐
.....	☐	☐
.....	☐	☐
.....	☐	☐
.....	☐	☐
.....	☐	☐
.....	☐	☐
.....	☐	☐

Carnet de suivi

Date

Horaire du repas

Heure	Nourriture	Quantité

Horaire de sommeil

Début	Fin	Temps total

Activités

baby

Notes

....
....
....
....
....

liste de courses

Couches

Temps	pipi	caca
....	☐	☐
....	☐	☐
....	☐	☐
....	☐	☐
....	☐	☐
....	☐	☐
....	☐	☐
....	☐	☐

Carnet de suivi

Date

Horaire du repas

Heure	Nourriture	Quantité

Horaire de sommeil

Début	Fin	Temps total

Activités

baby

Notes

....
....
....
....
....

liste de courses

Couches

Temps	pipi	caca
....	☐	☐
....	☐	☐
....	☐	☐
....	☐	☐
....	☐	☐
....	☐	☐
....	☐	☐
....	☐	☐

Carnet de suivi

Date

Horaire du repas

Heure	Nourriture	Quantité

Horaire de sommeil

Début	Fin	Temps total

Activités

baby

Notes

....
....
....
....
....

liste de courses

Couches

Temps	pipi	caca
....	☐	☐
....	☐	☐
....	☐	☐
....	☐	☐
....	☐	☐
....	☐	☐
....	☐	☐
....	☐	☐

Carnet de suivi

Date

Horaire du repas

Heure	Nourriture	Quantité

Horaire de sommeil

Début	Fin	Temps total

Activités

baby

Notes

....
....
....
....
....

liste de courses

Couches

Temps	pipi	caca
....	☐	☐
....	☐	☐
....	☐	☐
....	☐	☐
....	☐	☐
....	☐	☐
....	☐	☐
....	☐	☐

Carnet de suivi

Date

Horaire du repas

Heure	Nourriture	Quantité

Horaire de sommeil

Début	Fin	Temps total

Activités

baby

Notes

Couches

Temps	pipi	caca
......	☐	☐
......	☐	☐
......	☐	☐
......	☐	☐
......	☐	☐
......	☐	☐
......	☐	☐
......	☐	☐

liste de courses

Carnet de suivi

Date

Horaire du repas

Heure	Nourriture	Quantité

Horaire de sommeil

Début	Fin	Temps total

Activités

baby

Notes

....
....
....
....
....

liste de courses

Couches

Temps	pipi	caca
....	☐	☐
....	☐	☐
....	☐	☐
....	☐	☐
....	☐	☐
....	☐	☐
....	☐	☐
....	☐	☐

Carnet de suivi

Date

Horaire du repas

Heure	Nourriture	Quantité

Horaire de sommeil

Début	Fin	Temps total

Activités

baby

Notes

....
....
....
....
....

liste de courses

Couches

Temps	pipi	caca
......	☐	☐
......	☐	☐
......	☐	☐
......	☐	☐
......	☐	☐
......	☐	☐
......	☐	☐
......	☐	☐

Carnet de suivi

Date

Horaire du repas

Heure	Nourriture	Quantité

Horaire de sommeil

Début	Fin	Temps total

Activités

baby

Notes

....
....
....
....
....

liste de courses

Couches

Temps	pipi	caca
......	☐	☐
......	☐	☐
......	☐	☐
......	☐	☐
......	☐	☐
......	☐	☐
......	☐	☐
......	☐	☐

Carnet de suivi

Date

Horaire du repas

Heure	Nourriture	Quantité

Horaire de sommeil

Début	Fin	Temps total

Activités

baby

Notes

....
....
....
....
....

liste de courses

Couches

Temps	pipi	caca
......	☐	☐
......	☐	☐
......	☐	☐
......	☐	☐
......	☐	☐
......	☐	☐
......	☐	☐
......	☐	☐
......	☐	☐

Carnet de suivi

Date

Horaire du repas

Heure	Nourriture	Quantité

Horaire de sommeil

Début	Fin	Temps total

Activités

baby

Notes

....
....
....
....
....

liste de courses

Couches

Temps	pipi	caca
....	☐	☐
....	☐	☐
....	☐	☐
....	☐	☐
....	☐	☐
....	☐	☐
....	☐	☐
....	☐	☐

Carnet de suivi

Date

Horaire du repas

Heure	Nourriture	Quantité

Horaire de sommeil

Début	Fin	Temps total

Activités

baby

Notes

....
....
....
....
....

liste de courses

Couches

Temps	pipi	caca
......	☐	☐
......	☐	☐
......	☐	☐
......	☐	☐
......	☐	☐
......	☐	☐
......	☐	☐
......	☐	☐

Carnet de suivi

Date

Horaire du repas

Heure	Nourriture	Quantité

Horaire de sommeil

Début	Fin	Temps total

Activités

baby

Notes

....
....
....
....
....

liste de courses

Couches

Temps	pipi	caca
....	☐	☐
....	☐	☐
....	☐	☐
....	☐	☐
....	☐	☐
....	☐	☐
....	☐	☐
....	☐	☐

Carnet de suivi

Date

Horaire du repas

Heure	Nourriture	Quantité

Horaire de sommeil

Début	Fin	Temps total

Activités

baby

Notes

....
....
....
....
....

liste de courses

Couches

Temps	pipi	caca
....	☐	☐
....	☐	☐
....	☐	☐
....	☐	☐
....	☐	☐
....	☐	☐
....	☐	☐
....	☐	☐

Carnet de suivi

Date

Horaire du repas

Heure	Nourriture	Quantité

Horaire de sommeil

Début	Fin	Temps total

Activités

baby

Notes

Couches

Temps	pipi	caca
....	☐	☐
....	☐	☐
....	☐	☐
....	☐	☐
....	☐	☐
....	☐	☐
....	☐	☐
....	☐	☐

liste de courses

Carnet de suivi

Date

Horaire du repas

Heure	Nourriture	Quantité

Horaire de sommeil

Début	Fin	Temps total

Activités

baby

Notes

....
....
....
....
....

liste de courses

Couches

Temps	pipi	caca
....	☐	☐
....	☐	☐
....	☐	☐
....	☐	☐
....	☐	☐
....	☐	☐
....	☐	☐
....	☐	☐

Carnet de suivi

Date

Horaire du repas

Heure	Nourriture	Quantité

Horaire de sommeil

Début	Fin	Temps total

Activités

baby

Notes

....
....
....
....
....

liste de courses

Couches

Temps	pipi	caca
.....	☐	☐
.....	☐	☐
.....	☐	☐
.....	☐	☐
.....	☐	☐
.....	☐	☐
.....	☐	☐
.....	☐	☐

Carnet de suivi

Date

Horaire du repas

Heure	Nourriture	Quantité

Horaire de sommeil

Début	Fin	Temps total

Activités

baby

Notes

....
....
....
....
....

liste de courses

Couches

Temps	pipi	caca
......	☐	☐
......	☐	☐
......	☐	☐
......	☐	☐
......	☐	☐
......	☐	☐
......	☐	☐
......	☐	☐

Carnet de suivi

Date

Horaire du repas

Heure	Nourriture	Quantité

Horaire de sommeil

Début	Fin	Temps total

Activités

baby

Notes

....
....
....
....
....

liste de courses

Couches

Temps	pipi	caca
....	☐	☐
....	☐	☐
....	☐	☐
....	☐	☐
....	☐	☐
....	☐	☐
....	☐	☐
....	☐	☐

Carnet de suivi

Date

Horaire du repas

Heure	Nourriture	Quantité

Horaire de sommeil

Début	Fin	Temps total

Activités

baby

Notes

....
....
....
....
....

liste de courses

Couches

Temps	pipi	caca
....	☐	☐
....	☐	☐
....	☐	☐
....	☐	☐
....	☐	☐
....	☐	☐
....	☐	☐
....	☐	☐

Carnet de suivi

Date

Horaire du repas

Heure	Nourriture	Quantité

Horaire de sommeil

Début	Fin	Temps total

Activités

baby

Notes

....
....
....
....
....

liste de courses

Couches

Temps	pipi	caca
......	☐	☐
......	☐	☐
......	☐	☐
......	☐	☐
......	☐	☐
......	☐	☐
......	☐	☐
......	☐	☐
......	☐	☐

Carnet de suivi

Date

Horaire du repas

Heure	Nourriture	Quantité

Horaire de sommeil

Début	Fin	Temps total

Activités

baby

Notes

....
....
....
....
....

liste de courses

Couches

Temps	pipi	caca
......	☐	☐
......	☐	☐
......	☐	☐
......	☐	☐
......	☐	☐
......	☐	☐
......	☐	☐
......	☐	☐

Carnet de suivi

Date

Horaire du repas

Heure	Nourriture	Quantité

Horaire de sommeil

Début	Fin	Temps total

Activités

baby

Notes

....
....
....
....
....

liste de courses

Couches

Temps	pipi	caca
....	☐	☐
....	☐	☐
....	☐	☐
....	☐	☐
....	☐	☐
....	☐	☐
....	☐	☐
....	☐	☐
....	☐	☐

Carnet de suivi

Date

Horaire du repas

Heure	Nourriture	Quantité

Horaire de sommeil

Début	Fin	Temps total

Activités

baby

Notes

....
....
....
....
....

liste de courses

Couches

Temps	pipi	caca
....	☐	☐
....	☐	☐
....	☐	☐
....	☐	☐
....	☐	☐
....	☐	☐
....	☐	☐
....	☐	☐

Carnet de suivi

Date

Horaire du repas

Heure	Nourriture	Quantité

Horaire de sommeil

Début	Fin	Temps total

Activités

baby

Notes

....
....
....
....
....

liste de courses

Couches

Temps	pipi	caca
....	☐	☐
....	☐	☐
....	☐	☐
....	☐	☐
....	☐	☐
....	☐	☐
....	☐	☐
....	☐	☐

Carnet de suivi

Date

Horaire du repas

Heure	Nourriture	Quantité

Horaire de sommeil

Début	Fin	Temps total

Activités

baby

Notes

....
....
....
....
....

liste de courses

Couches

Temps	pipi	caca
......	☐	☐
......	☐	☐
......	☐	☐
......	☐	☐
......	☐	☐
......	☐	☐
......	☐	☐
......	☐	☐
......	☐	☐

Carnet de suivi

Date

Horaire du repas

Heure	Nourriture	Quantité

Horaire de sommeil

Début	Fin	Temps total

Activités

baby

Notes

....
....
....
....
....

liste de courses

Couches

Temps	pipi	caca
....	☐	☐
....	☐	☐
....	☐	☐
....	☐	☐
....	☐	☐
....	☐	☐
....	☐	☐
....	☐	☐

Carnet de suivi

Date

Horaire du repas

Heure	Nourriture	Quantité

Horaire de sommeil

Début	Fin	Temps total

Activités

baby

Notes

....
....
....
....
....

liste de courses

Couches

Temps	pipi	caca
.....	☐	☐
.....	☐	☐
.....	☐	☐
.....	☐	☐
.....	☐	☐
.....	☐	☐
.....	☐	☐
.....	☐	☐

Carnet de suivi

Date

Horaire du repas

Heure	Nourriture	Quantité

Horaire de sommeil

Début	Fin	Temps total

Activités

baby

Notes

....
....
....
....
....

liste de courses

Couches

Temps	pipi	caca
....	☐	☐
....	☐	☐
....	☐	☐
....	☐	☐
....	☐	☐
....	☐	☐
....	☐	☐
....	☐	☐

Carnet de suivi

Date

Horaire du repas

Heure	Nourriture	Quantité

Horaire de sommeil

Début	Fin	Temps total

Activités

baby

Notes

....
....
....
....
....

liste de courses

Couches

Temps	pipi	caca
....	☐	☐
....	☐	☐
....	☐	☐
....	☐	☐
....	☐	☐
....	☐	☐
....	☐	☐
....	☐	☐

Carnet de suivi

Date

Horaire du repas

Heure	Nourriture	Quantité

Horaire de sommeil

Début	Fin	Temps total

Activités

baby

Notes

Couches

Temps	pipi	caca
......	☐	☐
......	☐	☐
......	☐	☐
......	☐	☐
......	☐	☐
......	☐	☐
......	☐	☐
......	☐	☐

liste de courses

Carnet de suivi

Date

Horaire du repas

Heure	Nourriture	Quantité

Horaire de sommeil

Début	Fin	Temps total

Activités

baby

Notes

....
....
....
....
....

liste de courses

Couches

Temps	pipi	caca
....	☐	☐
....	☐	☐
....	☐	☐
....	☐	☐
....	☐	☐
....	☐	☐
....	☐	☐
....	☐	☐

Carnet de suivi

Date

Horaire du repas

Heure	Nourriture	Quantité

Horaire de sommeil

Début	Fin	Temps total

Activités

baby

Notes

....
....
....
....
....

liste de courses

Couches

Temps	pipi	caca
....	☐	☐
....	☐	☐
....	☐	☐
....	☐	☐
....	☐	☐
....	☐	☐
....	☐	☐
....	☐	☐

Carnet de suivi

Date

Horaire du repas

Heure	Nourriture	Quantité

Horaire de sommeil

Début	Fin	Temps total

Activités

baby

Notes

....
....
....
....
....

liste de courses

Couches

Temps	pipi	caca
....	☐	☐
....	☐	☐
....	☐	☐
....	☐	☐
....	☐	☐
....	☐	☐
....	☐	☐
....	☐	☐

Carnet de suivi

Date

Horaire du repas

Heure	Nourriture	Quantité

Horaire de sommeil

Début	Fin	Temps total

Activités

baby

Notes

Couches

Temps	pipi	caca
......	☐	☐
......	☐	☐
......	☐	☐
......	☐	☐
......	☐	☐
......	☐	☐
......	☐	☐
......	☐	☐

liste de courses

Carnet de suivi

Date

Horaire du repas

Heure	Nourriture	Quantité

Horaire de sommeil

Début	Fin	Temps total

Activités

baby

Notes

....
....
....
....
....

liste de courses

Couches

Temps	pipi	caca
....	☐	☐
....	☐	☐
....	☐	☐
....	☐	☐
....	☐	☐
....	☐	☐
....	☐	☐
....	☐	☐

Carnet de suivi

Date

Horaire du repas

Heure	Nourriture	Quantité

Horaire de sommeil

Début	Fin	Temps total

Activités

baby

Notes

Couches

Temps	pipi	caca
....	☐	☐
....	☐	☐
....	☐	☐
....	☐	☐
....	☐	☐
....	☐	☐
....	☐	☐
....	☐	☐
....	☐	☐

liste de courses

Carnet de suivi

Date

Horaire du repas

Heure	Nourriture	Quantité

Horaire de sommeil

Début	Fin	Temps total

Activités

baby

Notes

....
....
....
....
....

liste de courses

Couches

Temps	pipi	caca
....	☐	☐
....	☐	☐
....	☐	☐
....	☐	☐
....	☐	☐
....	☐	☐
....	☐	☐
....	☐	☐

Carnet de suivi

Date

Horaire du repas

Heure	Nourriture	Quantité

Horaire de sommeil

Début	Fin	Temps total

Activités

baby

Notes

....
....
....
....
....

liste de courses

Couches

Temps	pipi	caca
.....	☐	☐
.....	☐	☐
.....	☐	☐
.....	☐	☐
.....	☐	☐
.....	☐	☐
.....	☐	☐
.....	☐	☐
.....	☐	☐

Carnet de suivi

Date

Horaire du repas

Heure	Nourriture	Quantité

Horaire de sommeil

Début	Fin	Temps total

Activités

baby

Notes

....
....
....
....
....

liste de courses

Couches

Temps	pipi	caca
....	☐	☐
....	☐	☐
....	☐	☐
....	☐	☐
....	☐	☐
....	☐	☐
....	☐	☐
....	☐	☐

Carnet de suivi

Date

Horaire du repas

Heure	Nourriture	Quantité

Horaire de sommeil

Début	Fin	Temps total

Activités

baby

Notes

Couches

Temps	pipi	caca
....	☐	☐
....	☐	☐
....	☐	☐
....	☐	☐
....	☐	☐
....	☐	☐
....	☐	☐
....	☐	☐
....	☐	☐

liste de courses

Carnet de suivi

Date

Horaire du repas

Heure	Nourriture	Quantité

Horaire de sommeil

Début	Fin	Temps total

Activités

baby

Notes

....
....
....
....
....

liste de courses

Couches

Temps	pipi	caca
....	☐	☐
....	☐	☐
....	☐	☐
....	☐	☐
....	☐	☐
....	☐	☐
....	☐	☐
....	☐	☐

Carnet de suivi

Date

Horaire du repas

Heure	Nourriture	Quantité

Horaire de sommeil

Début	Fin	Temps total

Activités

baby

Notes

....
....
....
....
....

liste de courses

Couches

Temps	pipi	caca
....	☐	☐
....	☐	☐
....	☐	☐
....	☐	☐
....	☐	☐
....	☐	☐
....	☐	☐
....	☐	☐

Carnet de suivi

Date

Horaire du repas

Heure	Nourriture	Quantité

Horaire de sommeil

Début	Fin	Temps total

Activités

baby

Notes

....
....
....
....
....

liste de courses

Couches

Temps	pipi	caca
.....	☐	☐
.....	☐	☐
.....	☐	☐
.....	☐	☐
.....	☐	☐
.....	☐	☐
.....	☐	☐
.....	☐	☐

Carnet de suivi

Date

Horaire du repas

Heure	Nourriture	Quantité

Horaire de sommeil

Début	Fin	Temps total

Activités

baby

Notes

....
....
....
....
....

liste de courses

Couches

Temps	pipi	caca
......	☐	☐
......	☐	☐
......	☐	☐
......	☐	☐
......	☐	☐
......	☐	☐
......	☐	☐
......	☐	☐

Carnet de suivi

Date

Horaire du repas

Heure	Nourriture	Quantité

Horaire de sommeil

Début	Fin	Temps total

Activités

baby

Notes

....
....
....
....
....

liste de courses

Couches

Temps	pipi	caca
....	☐	☐
....	☐	☐
....	☐	☐
....	☐	☐
....	☐	☐
....	☐	☐
....	☐	☐
....	☐	☐

Carnet de suivi

Date

Horaire du repas

Heure	Nourriture	Quantité

Horaire de sommeil

Début	Fin	Temps total

Activités

baby

Notes

....
....
....
....
....

liste de courses

Couches

Temps	pipi	caca
....	☐	☐
....	☐	☐
....	☐	☐
....	☐	☐
....	☐	☐
....	☐	☐
....	☐	☐
....	☐	☐

Carnet de suivi

Date

Horaire du repas

Heure	Nourriture	Quantité

Horaire de sommeil

Début	Fin	Temps total

Activités

baby

Notes

....
....
....
....
....

liste de courses

Couches

Temps	pipi	caca
......	☐	☐
......	☐	☐
......	☐	☐
......	☐	☐
......	☐	☐
......	☐	☐
......	☐	☐
......	☐	☐

Carnet de suivi

Date

Horaire du repas

Heure	Nourriture	Quantité

Horaire de sommeil

Début	Fin	Temps total

Activités

baby

Notes

....
....
....
....
....

liste de courses

Couches

Temps	pipi	caca
.....	☐	☐
.....	☐	☐
.....	☐	☐
.....	☐	☐
.....	☐	☐
.....	☐	☐
.....	☐	☐
.....	☐	☐

Carnet de suivi

Date

Horaire du repas

Heure	Nourriture	Quantité

Horaire de sommeil

Début	Fin	Temps total

Activités

baby

Notes

....
....
....
....
....

liste de courses

Couches

Temps	pipi	caca
......	☐	☐
......	☐	☐
......	☐	☐
......	☐	☐
......	☐	☐
......	☐	☐
......	☐	☐
......	☐	☐

Carnet de suivi

Date

Horaire du repas

Heure	Nourriture	Quantité

Horaire de sommeil

Début	Fin	Temps total

Activités

baby

Notes

Couches

Temps	pipi	caca
………	☐	☐
………	☐	☐
………	☐	☐
………	☐	☐
………	☐	☐
………	☐	☐
………	☐	☐
………	☐	☐

liste de courses

Carnet de suivi

Date

Horaire du repas

Heure	Nourriture	Quantité

Horaire de sommeil

Début	Fin	Temps total

Activités

baby

Notes

....
....
....
....
....

liste de courses

Couches

Temps	pipi	caca
....	☐	☐
....	☐	☐
....	☐	☐
....	☐	☐
....	☐	☐
....	☐	☐
....	☐	☐
....	☐	☐

Carnet de suivi

Date

Horaire du repas

Heure	Nourriture	Quantité

Horaire de sommeil

Début	Fin	Temps total

Activités

baby

Notes

....
....
....
....
....

liste de courses

Couches

Temps	pipi	caca
......	☐	☐
......	☐	☐
......	☐	☐
......	☐	☐
......	☐	☐
......	☐	☐
......	☐	☐
......	☐	☐

Carnet de suivi

Date

Horaire du repas

Heure	Nourriture	Quantité

Horaire de sommeil

Début	Fin	Temps total

Activités

baby

Notes

....
....
....
....
....

liste de courses

Couches

Temps	pipi	caca
....	☐	☐
....	☐	☐
....	☐	☐
....	☐	☐
....	☐	☐
....	☐	☐
....	☐	☐
....	☐	☐

Carnet de suivi

Date

Horaire du repas

Heure	Nourriture	Quantité

Horaire de sommeil

Début	Fin	Temps total

Activités

baby

Notes

Couches

Temps	pipi	caca
......	☐	☐
......	☐	☐
......	☐	☐
......	☐	☐
......	☐	☐
......	☐	☐
......	☐	☐
......	☐	☐

liste de courses

Carnet de suivi

Date

Horaire du repas

Heure	Nourriture	Quantité

Horaire de sommeil

Début	Fin	Temps total

Activités

baby

Notes

....
....
....
....
....

liste de courses

Couches

Temps	pipi	caca
......	☐	☐
......	☐	☐
......	☐	☐
......	☐	☐
......	☐	☐
......	☐	☐
......	☐	☐
......	☐	☐

Carnet de suivi

Date

Horaire du repas

Heure	Nourriture	Quantité

Horaire de sommeil

Début	Fin	Temps total

Activités

baby

Notes

....
....
....
....
....

liste de courses

Couches

Temps	pipi	caca
....	☐	☐
....	☐	☐
....	☐	☐
....	☐	☐
....	☐	☐
....	☐	☐
....	☐	☐
....	☐	☐

Carnet de suivi

Date

Horaire du repas

Heure	Nourriture	Quantité

Horaire de sommeil

Début	Fin	Temps total

Activités

baby

Notes

....
....
....
....
....

liste de courses

Couches

Temps	pipi	caca
....	☐	☐
....	☐	☐
....	☐	☐
....	☐	☐
....	☐	☐
....	☐	☐
....	☐	☐
....	☐	☐

Carnet de suivi

Date

Horaire du repas

Heure	Nourriture	Quantité

Horaire de sommeil

Début	Fin	Temps total

Activités

baby

Notes

....
....
....
....
....

liste de courses

Couches

Temps	pipi	caca
....	☐	☐
....	☐	☐
....	☐	☐
....	☐	☐
....	☐	☐
....	☐	☐
....	☐	☐
....	☐	☐
....	☐	☐

Carnet de suivi

Date

Horaire du repas

Heure	Nourriture	Quantité

Horaire de sommeil

Début	Fin	Temps total

Activités

baby

Notes

....
....
....
....
....

liste de courses

Couches

Temps	pipi	caca
....	☐	☐
....	☐	☐
....	☐	☐
....	☐	☐
....	☐	☐
....	☐	☐
....	☐	☐
....	☐	☐

Carnet de suivi

Date

Horaire du repas

Heure	Nourriture	Quantité

Horaire de sommeil

Début	Fin	Temps total

Activités

baby

Notes

....
....
....
....
....

liste de courses

Couches

Temps	pipi	caca
....	☐	☐
....	☐	☐
....	☐	☐
....	☐	☐
....	☐	☐
....	☐	☐
....	☐	☐
....	☐	☐

Carnet de suivi

Date

Horaire du repas

Heure	Nourriture	Quantité

Horaire de sommeil

Début	Fin	Temps total

Activités

baby

Notes

....
....
....
....
....

liste de courses

Couches

Temps	pipi	caca
......	☐	☐
......	☐	☐
......	☐	☐
......	☐	☐
......	☐	☐
......	☐	☐
......	☐	☐
......	☐	☐

Carnet de suivi

Date

Horaire du repas

Heure	Nourriture	Quantité

Horaire de sommeil

Début	Fin	Temps total

Activités

baby

Notes

....
....
....
....
....

liste de courses

Couches

Temps	pipi	caca
....	☐	☐
....	☐	☐
....	☐	☐
....	☐	☐
....	☐	☐
....	☐	☐
....	☐	☐
....	☐	☐

Carnet de suivi

Date

Horaire du repas

Heure	Nourriture	Quantité

Horaire de sommeil

Début	Fin	Temps total

Activités

baby

Notes

....
....
....
....
....

liste de courses

Couches

Temps	pipi	caca
....	☐	☐
....	☐	☐
....	☐	☐
....	☐	☐
....	☐	☐
....	☐	☐
....	☐	☐
....	☐	☐

Carnet de suivi

Date

Horaire du repas

Heure	Nourriture	Quantité

Horaire de sommeil

Début	Fin	Temps total

Activités

baby

Notes

....
....
....
....
....

liste de courses

Couches

Temps	pipi	caca
....	☐	☐
....	☐	☐
....	☐	☐
....	☐	☐
....	☐	☐
....	☐	☐
....	☐	☐
....	☐	☐

Carnet de suivi

Date

Horaire du repas

Heure	Nourriture	Quantité

Horaire de sommeil

Début	Fin	Temps total

Activités

baby

Notes

....
....
....
....
....

liste de courses

Couches

Temps	pipi	caca
.....	☐	☐
.....	☐	☐
.....	☐	☐
.....	☐	☐
.....	☐	☐
.....	☐	☐
.....	☐	☐
.....	☐	☐

Carnet de suivi

Date

Horaire du repas

Heure	Nourriture	Quantité

Horaire de sommeil

Début	Fin	Temps total

Activités

baby

Notes

....
....
....
....
....

liste de courses

Couches

Temps	pipi	caca
....	☐	☐
....	☐	☐
....	☐	☐
....	☐	☐
....	☐	☐
....	☐	☐
....	☐	☐
....	☐	☐

Carnet de suivi

Date

Horaire du repas

Heure	Nourriture	Quantité

Horaire de sommeil

Début	Fin	Temps total

Activités

baby

Notes

....
....
....
....
....

liste de courses

Couches

Temps	pipi	caca
....	☐	☐
....	☐	☐
....	☐	☐
....	☐	☐
....	☐	☐
....	☐	☐
....	☐	☐
....	☐	☐

Carnet de suivi

Date

Horaire du repas

Heure	Nourriture	Quantité

Horaire de sommeil

Début	Fin	Temps total

Activités

baby

Notes

Couches

Temps	pipi	caca
......	☐	☐
......	☐	☐
......	☐	☐
......	☐	☐
......	☐	☐
......	☐	☐
......	☐	☐
......	☐	☐

liste de courses

Carnet de suivi

Date

Horaire du repas

Heure	Nourriture	Quantité

Horaire de sommeil

Début	Fin	Temps total

Activités

baby

Notes

....
....
....
....
....

liste de courses

Couches

Temps	pipi	caca
....	☐	☐
....	☐	☐
....	☐	☐
....	☐	☐
....	☐	☐
....	☐	☐
....	☐	☐
....	☐	☐

Carnet de suivi

Date

Horaire du repas

Heure	Nourriture	Quantité

Horaire de sommeil

Début	Fin	Temps total

Activités

baby

Notes

....
....
....
....
....

liste de courses

Couches

Temps	pipi	caca
....	☐	☐
....	☐	☐
....	☐	☐
....	☐	☐
....	☐	☐
....	☐	☐
....	☐	☐
....	☐	☐

Carnet de suivi

Date

Horaire du repas

Heure	Nourriture	Quantité

Horaire de sommeil

Début	Fin	Temps total

Activités

baby

Notes

....
....
....
....
....

liste de courses

Couches

Temps	pipi	caca
......	☐	☐
......	☐	☐
......	☐	☐
......	☐	☐
......	☐	☐
......	☐	☐
......	☐	☐
......	☐	☐

Carnet de suivi

Date

Horaire du repas

Heure	Nourriture	Quantité

Horaire de sommeil

Début	Fin	Temps total

Activités

baby

Notes

....
....
....
....
....

liste de courses

Couches

Temps	pipi	caca
......	☐	☐
......	☐	☐
......	☐	☐
......	☐	☐
......	☐	☐
......	☐	☐
......	☐	☐
......	☐	☐

Carnet de suivi

Date

Horaire du repas

Heure	Nourriture	Quantité

Horaire de sommeil

Début	Fin	Temps total

Activités

baby

Notes

....
....
....
....
....

liste de courses

Couches

Temps	pipi	caca
....	☐	☐
....	☐	☐
....	☐	☐
....	☐	☐
....	☐	☐
....	☐	☐
....	☐	☐
....	☐	☐

Carnet de suivi

Date

Horaire du repas

Heure	Nourriture	Quantité

Horaire de sommeil

Début	Fin	Temps total

Activités

baby

Notes

....
....
....
....
....

liste de courses

Couches

Temps	pipi	caca
....	☐	☐
....	☐	☐
....	☐	☐
....	☐	☐
....	☐	☐
....	☐	☐
....	☐	☐
....	☐	☐
....	☐	☐

Carnet de suivi

Date

Horaire du repas

Heure	Nourriture	Quantité

Horaire de sommeil

Début	Fin	Temps total

Activités

baby

Notes

....

....

....

....

....

liste de courses

Couches

Temps	pipi	caca
.....	☐	☐
.....	☐	☐
.....	☐	☐
.....	☐	☐
.....	☐	☐
.....	☐	☐
.....	☐	☐
.....	☐	☐

Carnet de suivi

Date

Horaire du repas

Heure	Nourriture	Quantité

Horaire de sommeil

Début	Fin	Temps total

Activités

baby

Notes

....
....
....
....
....

liste de courses

Couches

Temps	pipi	caca
......	☐	☐
......	☐	☐
......	☐	☐
......	☐	☐
......	☐	☐
......	☐	☐
......	☐	☐
......	☐	☐

Carnet de suivi

Date

Horaire du repas

Heure	Nourriture	Quantité

Horaire de sommeil

Début	Fin	Temps total

Activités

baby

Notes

Couches

Temps	pipi	caca
	☐	☐
	☐	☐
	☐	☐
	☐	☐
	☐	☐
	☐	☐
	☐	☐
	☐	☐

liste de courses

Carnet de suivi

Date

Horaire du repas

Heure	Nourriture	Quantité

Horaire de sommeil

Début	Fin	Temps total

Activités

baby

Notes

Couches

Temps	pipi	caca
......	☐	☐
......	☐	☐
......	☐	☐
......	☐	☐
......	☐	☐
......	☐	☐
......	☐	☐
......	☐	☐

liste de courses

Carnet de suivi

Date

Horaire du repas

Heure	Nourriture	Quantité

Horaire de sommeil

Début	Fin	Temps total

Activités

baby

Notes

Couches

Temps	pipi	caca
......	☐	☐
......	☐	☐
......	☐	☐
......	☐	☐
......	☐	☐
......	☐	☐
......	☐	☐
......	☐	☐

liste de courses

Carnet de suivi

Date

Horaire du repas

Heure	Nourriture	Quantité

Horaire de sommeil

Début	Fin	Temps total

Activités

baby

Notes

....
....
....
....
....

liste de courses

Couches

Temps	pipi	caca
.....	☐	☐
.....	☐	☐
.....	☐	☐
.....	☐	☐
.....	☐	☐
.....	☐	☐
.....	☐	☐
.....	☐	☐

Carnet de suivi

Date

Horaire du repas

Heure	Nourriture	Quantité

Horaire de sommeil

Début	Fin	Temps total

Activités

baby

Notes

....
....
....
....
....

liste de courses

Couches

Temps	pipi	caca
....	☐	☐
....	☐	☐
....	☐	☐
....	☐	☐
....	☐	☐
....	☐	☐
....	☐	☐
....	☐	☐

Carnet de suivi

Date

Horaire du repas

Heure	Nourriture	Quantité

Horaire de sommeil

Début	Fin	Temps total

Activités

baby

Notes

....
....
....
....
....

liste de courses

Couches

Temps	pipi	caca
.....	☐	☐
.....	☐	☐
.....	☐	☐
.....	☐	☐
.....	☐	☐
.....	☐	☐
.....	☐	☐
.....	☐	☐

Carnet de suivi

Date

Horaire du repas

Heure	Nourriture	Quantité

Horaire de sommeil

Début	Fin	Temps total

Activités

baby

Notes

....
....
....
....
....

liste de courses

Couches

Temps	pipi	caca
....	☐	☐
....	☐	☐
....	☐	☐
....	☐	☐
....	☐	☐
....	☐	☐
....	☐	☐
....	☐	☐

Carnet de suivi

Date

Horaire du repas

Heure	Nourriture	Quantité

Horaire de sommeil

Début	Fin	Temps total

Activités

baby

Notes

....
....
....
....

liste de courses

Couches

Temps	pipi	caca
....	☐	☐
....	☐	☐
....	☐	☐
....	☐	☐
....	☐	☐
....	☐	☐
....	☐	☐
....	☐	☐

Carnet de suivi

Date

Horaire du repas

Heure	Nourriture	Quantité

Horaire de sommeil

Début	Fin	Temps total

Activités

baby

Notes

....
....
....
....
....

liste de courses

Couches

Temps	pipi	caca
....	☐	☐
....	☐	☐
....	☐	☐
....	☐	☐
....	☐	☐
....	☐	☐
....	☐	☐
....	☐	☐

Carnet de suivi

Date

Horaire du repas

Heure	Nourriture	Quantité

Horaire de sommeil

Début	Fin	Temps total

Activités

baby

Notes

....
....
....
....
....

liste de courses

Couches

Temps	pipi	caca
....	☐	☐
....	☐	☐
....	☐	☐
....	☐	☐
....	☐	☐
....	☐	☐
....	☐	☐
....	☐	☐
....	☐	☐

Carnet de suivi

Date

Horaire du repas

Heure	Nourriture	Quantité

Horaire de sommeil

Début	Fin	Temps total

Activités

baby

Notes

....
....
....
....
....

liste de courses

Couches

Temps	pipi	caca
....	☐	☐
....	☐	☐
....	☐	☐
....	☐	☐
....	☐	☐
....	☐	☐
....	☐	☐
....	☐	☐

Carnet de suivi

Date

Horaire du repas

Heure	Nourriture	Quantité

Horaire de sommeil

Début	Fin	Temps total

Activités

baby

Notes

Couches

Temps	pipi	caca
......	☐	☐
......	☐	☐
......	☐	☐
......	☐	☐
......	☐	☐
......	☐	☐
......	☐	☐
......	☐	☐

liste de courses

Carnet de suivi

Date:

Horaire du repas

Heure	Nourriture	Quantité

Horaire de sommeil

Début	Fin	Temps total

Activités

baby

Notes

....
....
....
....
....

liste de courses

Couches

Temps	pipi	caca
......	☐	☐
......	☐	☐
......	☐	☐
......	☐	☐
......	☐	☐
......	☐	☐
......	☐	☐
......	☐	☐

Carnet de suivi

Date

Horaire du repas

Heure	Nourriture	Quantité

Horaire de sommeil

Début	Fin	Temps total

Activités

baby

Notes

....

....

....

....

....

liste de courses

Couches

Temps	pipi	caca
....	☐	☐
....	☐	☐
....	☐	☐
....	☐	☐
....	☐	☐
....	☐	☐
....	☐	☐
....	☐	☐
....	☐	☐

Carnet de suivi

Date

Horaire du repas

Heure	Nourriture	Quantité

Horaire de sommeil

Début	Fin	Temps total

Activités

baby

Notes

....
....
....
....
....

liste de courses

Couches

Temps	pipi	caca
....	☐	☐
....	☐	☐
....	☐	☐
....	☐	☐
....	☐	☐
....	☐	☐
....	☐	☐
....	☐	☐

Carnet de suivi

Date

Horaire du repas

Heure	Nourriture	Quantité

Horaire de sommeil

Début	Fin	Temps total

Activités

baby

Notes

....
....
....
....
....

liste de courses

Couches

Temps	pipi	caca
......	☐	☐
......	☐	☐
......	☐	☐
......	☐	☐
......	☐	☐
......	☐	☐
......	☐	☐
......	☐	☐

Carnet de suivi

Date

Horaire du repas

Heure	Nourriture	Quantité

Horaire de sommeil

Début	Fin	Temps total

Activités

baby

Notes

....
....
....
....
....

liste de courses

Couches

Temps	pipi	caca
....	☐	☐
....	☐	☐
....	☐	☐
....	☐	☐
....	☐	☐
....	☐	☐
....	☐	☐
....	☐	☐

Carnet de suivi

Date

Horaire du repas

Heure	Nourriture	Quantité

Horaire de sommeil

Début	Fin	Temps total

Activités

baby

Notes

....
....
....
....
....

liste de courses

Couches

Temps	pipi	caca
.....	☐	☐
.....	☐	☐
.....	☐	☐
.....	☐	☐
.....	☐	☐
.....	☐	☐
.....	☐	☐
.....	☐	☐

Carnet de suivi

Date

Horaire du repas

Heure	Nourriture	Quantité

Horaire de sommeil

Début	Fin	Temps total

Activités

baby

Notes

Couches

Temps	pipi	caca
	☐	☐
	☐	☐
	☐	☐
	☐	☐
	☐	☐
	☐	☐
	☐	☐
	☐	☐

liste de courses

Carnet de suivi

Date

Horaire du repas

Heure	Nourriture	Quantité

Horaire de sommeil

Début	Fin	Temps total

Activités

baby

Notes

....
....
....
....
....

liste de courses

Couches

Temps	pipi	caca
.....	☐	☐
.....	☐	☐
.....	☐	☐
.....	☐	☐
.....	☐	☐
.....	☐	☐
.....	☐	☐
.....	☐	☐

Carnet de suivi

Date

Horaire du repas

Heure	Nourriture	Quantité

Horaire de sommeil

Début	Fin	Temps total

Activités

baby

Notes

....
....
....
....
....

liste de courses

Couches

Temps	pipi	caca
....	☐	☐
....	☐	☐
....	☐	☐
....	☐	☐
....	☐	☐
....	☐	☐
....	☐	☐
....	☐	☐

Carnet de suivi

Date

Horaire du repas

Heure	Nourriture	Quantité

Horaire de sommeil

Début	Fin	Temps total

Activités

baby

Notes

....
....
....
....
....

liste de courses

Couches

Temps	pipi	caca
......	☐	☐
......	☐	☐
......	☐	☐
......	☐	☐
......	☐	☐
......	☐	☐
......	☐	☐
......	☐	☐

Carnet de suivi

Date

Horaire du repas

Heure	Nourriture	Quantité

Horaire de sommeil

Début	Fin	Temps total

Activités

baby

Notes

....
....
....
....
....

liste de courses

Couches

Temps	pipi	caca
......	☐	☐
......	☐	☐
......	☐	☐
......	☐	☐
......	☐	☐
......	☐	☐
......	☐	☐
......	☐	☐

Carnet de suivi

Date

Horaire du repas

Heure	Nourriture	Quantité

Horaire de sommeil

Début	Fin	Temps total

Activités

baby

Notes

....
....
....
....
....

liste de courses

Couches

Temps	pipi	caca
....	☐	☐
....	☐	☐
....	☐	☐
....	☐	☐
....	☐	☐
....	☐	☐
....	☐	☐
....	☐	☐

Carnet de suivi

Date

Horaire du repas

Heure	Nourriture	Quantité

Horaire de sommeil

Début	Fin	Temps total

Activités

baby

Notes

....
....
....
....
....

liste de courses

Couches

Temps	pipi	caca
.....	☐	☐
.....	☐	☐
.....	☐	☐
.....	☐	☐
.....	☐	☐
.....	☐	☐
.....	☐	☐
.....	☐	☐

Carnet de suivi

Date

Horaire du repas

Heure	Nourriture	Quantité

Horaire de sommeil

Début	Fin	Temps total

Activités

baby

Notes

....
....
....
....
....

liste de courses

Couches

Temps	pipi	caca
......	☐	☐
......	☐	☐
......	☐	☐
......	☐	☐
......	☐	☐
......	☐	☐
......	☐	☐
......	☐	☐

Carnet de suivi

Date

Horaire du repas

Heure	Nourriture	Quantité

Horaire de sommeil

Début	Fin	Temps total

Activités

baby

Notes

....
....
....
....
....

liste de courses

Couches

Temps	pipi	caca
......	☐	☐
......	☐	☐
......	☐	☐
......	☐	☐
......	☐	☐
......	☐	☐
......	☐	☐
......	☐	☐

Carnet de suivi

Date

Horaire du repas

Heure	Nourriture	Quantité

Horaire de sommeil

Début	Fin	Temps total

Activités

baby

Notes

Couches

Temps	pipi	caca
……	☐	☐
……	☐	☐
……	☐	☐
……	☐	☐
……	☐	☐
……	☐	☐
……	☐	☐
……	☐	☐

liste de courses

Carnet de suivi

Date

Horaire du repas

Heure	Nourriture	Quantité

Horaire de sommeil

Début	Fin	Temps total

Activités

baby

Notes

....
....
....
....
....

liste de courses

Couches

Temps	pipi	caca
......	☐	☐
......	☐	☐
......	☐	☐
......	☐	☐
......	☐	☐
......	☐	☐
......	☐	☐
......	☐	☐

Carnet de suivi

Date

Horaire du repas

Heure	Nourriture	Quantité

Horaire de sommeil

Début	Fin	Temps total

Activités

baby

Notes

....
....
....
....
....

liste de courses

Couches

Temps	pipi	caca
....	☐	☐
....	☐	☐
....	☐	☐
....	☐	☐
....	☐	☐
....	☐	☐
....	☐	☐
....	☐	☐
....	☐	☐

Carnet de suivi

Date

Horaire du repas

Heure	Nourriture	Quantité

Horaire de sommeil

Début	Fin	Temps total

Activités

baby

Notes

....
....
....
....
....

liste de courses

Couches

Temps	pipi	caca
....	☐	☐
....	☐	☐
....	☐	☐
....	☐	☐
....	☐	☐
....	☐	☐
....	☐	☐
....	☐	☐

Carnet de suivi

Date

Horaire du repas

Heure	Nourriture	Quantité

Horaire de sommeil

Début	Fin	Temps total

Activités

baby

Notes

....
....
....
....
....

liste de courses

Couches

Temps	pipi	caca
.....	☐	☐
.....	☐	☐
.....	☐	☐
.....	☐	☐
.....	☐	☐
.....	☐	☐
.....	☐	☐
.....	☐	☐
.....	☐	☐

Carnet de suivi

Date

Horaire du repas

Heure	Nourriture	Quantité

Horaire de sommeil

Début	Fin	Temps total

Activités

baby

Notes

....
....
....
....
....

liste de courses

Couches

Temps	pipi	caca
.....	☐	☐
.....	☐	☐
.....	☐	☐
.....	☐	☐
.....	☐	☐
.....	☐	☐
.....	☐	☐
.....	☐	☐

Carnet de suivi

Date

Horaire du repas

Heure	Nourriture	Quantité

Horaire de sommeil

Début	Fin	Temps total

Activités

baby

Notes

....
....
....
....
....

liste de courses

Couches

Temps	pipi	caca
......	☐	☐
......	☐	☐
......	☐	☐
......	☐	☐
......	☐	☐
......	☐	☐
......	☐	☐
......	☐	☐

Carnet de suivi

Date

Horaire du repas

Heure	Nourriture	Quantité

Horaire de sommeil

Début	Fin	Temps total

Activités

baby

Notes

....
....
....
....
....

liste de courses

Couches

Temps	pipi	caca
......	☐	☐
......	☐	☐
......	☐	☐
......	☐	☐
......	☐	☐
......	☐	☐
......	☐	☐
......	☐	☐

Carnet de suivi

Date

Horaire du repas

Heure	Nourriture	Quantité

Horaire de sommeil

Début	Fin	Temps total

Activités

baby

Notes

··
··
··
··
··

liste de courses

Couches

Temps	pipi	caca
······	☐	☐
······	☐	☐
······	☐	☐
······	☐	☐
······	☐	☐
······	☐	☐
······	☐	☐
······	☐	☐

Carnet de suivi

Date

Horaire du repas

Heure	Nourriture	Quantité

Horaire de sommeil

Début	Fin	Temps total

Activités

baby

Notes

....
....
....
....
....

liste de courses

Couches

Temps	pipi	caca
....	☐	☐
....	☐	☐
....	☐	☐
....	☐	☐
....	☐	☐
....	☐	☐
....	☐	☐
....	☐	☐

Carnet de suivi

Date

Horaire du repas

Heure	Nourriture	Quantité

Horaire de sommeil

Début	Fin	Temps total

Activités

baby

Notes

....
....
....
....
....

liste de courses

Couches

Temps	pipi	caca
.....	☐	☐
.....	☐	☐
.....	☐	☐
.....	☐	☐
.....	☐	☐
.....	☐	☐
.....	☐	☐
.....	☐	☐

Carnet de suivi

Date

Horaire du repas

Heure	Nourriture	Quantité

Horaire de sommeil

Début	Fin	Temps total

Activités

baby

Notes

....
....
....
....
....

liste de courses

Couches

Temps	pipi	caca
....	☐	☐
....	☐	☐
....	☐	☐
....	☐	☐
....	☐	☐
....	☐	☐
....	☐	☐
....	☐	☐

Carnet de suivi

Date

Horaire du repas

Heure	Nourriture	Quantité

Horaire de sommeil

Début	Fin	Temps total

Activités

baby

Notes

Couches

Temps	pipi	caca
......	☐	☐
......	☐	☐
......	☐	☐
......	☐	☐
......	☐	☐
......	☐	☐
......	☐	☐
......	☐	☐

liste de courses

Carnet de suivi

Date

Horaire du repas

Heure	Nourriture	Quantité

Horaire de sommeil

Début	Fin	Temps total

Activités

baby

Notes

....
....
....
....
....

liste de courses

Couches

Temps	pipi	caca
.....	☐	☐
.....	☐	☐
.....	☐	☐
.....	☐	☐
.....	☐	☐
.....	☐	☐
.....	☐	☐
.....	☐	☐

Carnet de suivi

Date

Horaire du repas

Heure	Nourriture	Quantité

Horaire de sommeil

Début	Fin	Temps total

Activités

baby

Notes

....
....
....
....
....

liste de courses

Couches

Temps	pipi	caca
....	☐	☐
....	☐	☐
....	☐	☐
....	☐	☐
....	☐	☐
....	☐	☐
....	☐	☐
....	☐	☐

Carnet de suivi

Date

Horaire du repas

Heure	Nourriture	Quantité

Horaire de sommeil

Début	Fin	Temps total

Activités

baby

Notes

Couches

Temps	pipi	caca
……	☐	☐
……	☐	☐
……	☐	☐
……	☐	☐
……	☐	☐
……	☐	☐
……	☐	☐
……	☐	☐

liste de courses

Carnet de suivi

Date

Horaire du repas

Heure	Nourriture	Quantité

Horaire de sommeil

Début	Fin	Temps total

Activités

baby

Notes

....
....
....
....
....

liste de courses

Couches

Temps	pipi	caca
....	☐	☐
....	☐	☐
....	☐	☐
....	☐	☐
....	☐	☐
....	☐	☐
....	☐	☐
....	☐	☐

Carnet de suivi

Date

Horaire du repas

Heure	Nourriture	Quantité

Horaire de sommeil

Début	Fin	Temps total

Activités

baby

Notes

Couches

Temps	pipi	caca
……	☐	☐
……	☐	☐
……	☐	☐
……	☐	☐
……	☐	☐
……	☐	☐
……	☐	☐
……	☐	☐

liste de courses

Carnet de suivi

Date

Horaire du repas

Heure	Nourriture	Quantité

Horaire de sommeil

Début	Fin	Temps total

Activités

baby

Notes

....
....
....
....
....

liste de courses

Couches

Temps	pipi	caca
.....	☐	☐
.....	☐	☐
.....	☐	☐
.....	☐	☐
.....	☐	☐
.....	☐	☐
.....	☐	☐
.....	☐	☐
.....	☐	☐

Carnet de suivi

Date

Horaire du repas

Heure	Nourriture	Quantité

Horaire de sommeil

Début	Fin	Temps total

Activités

baby

Notes

....
....
....
....
....

liste de courses

Couches

Temps	pipi	caca
....	☐	☐
....	☐	☐
....	☐	☐
....	☐	☐
....	☐	☐
....	☐	☐
....	☐	☐
....	☐	☐

Carnet de suivi

Date

Horaire du repas

Heure	Nourriture	Quantité

Horaire de sommeil

Début	Fin	Temps total

Activités

baby

Notes

Couches

Temps	pipi	caca
....	☐	☐
....	☐	☐
....	☐	☐
....	☐	☐
....	☐	☐
....	☐	☐
....	☐	☐
....	☐	☐

liste de courses

Carnet de suivi

Date

Horaire du repas

Heure	Nourriture	Quantité

Horaire de sommeil

Début	Fin	Temps total

Activités

baby

Notes

Couches

Temps	pipi	caca
....	☐	☐
....	☐	☐
....	☐	☐
....	☐	☐
....	☐	☐
....	☐	☐
....	☐	☐
....	☐	☐

liste de courses

Carnet de suivi

Date

Horaire du repas

Heure	Nourriture	Quantité

Horaire de sommeil

Début	Fin	Temps total

Activités

baby

Notes

....
....
....
....

liste de courses

Couches

Temps	pipi	caca
....	☐	☐
....	☐	☐
....	☐	☐
....	☐	☐
....	☐	☐
....	☐	☐
....	☐	☐
....	☐	☐

Carnet de suivi

Date

Horaire du repas

Heure	Nourriture	Quantité

Horaire de sommeil

Début	Fin	Temps total

Activités

baby

Notes

....
....
....
....
....

liste de courses

Couches

Temps	pipi	caca
.....	☐	☐
.....	☐	☐
.....	☐	☐
.....	☐	☐
.....	☐	☐
.....	☐	☐
.....	☐	☐
.....	☐	☐

Carnet de suivi

Date

Horaire du repas

Heure	Nourriture	Quantité

Horaire de sommeil

Début	Fin	Temps total

Activités

baby

Notes

Couches

Temps	pipi	caca
......	☐	☐
......	☐	☐
......	☐	☐
......	☐	☐
......	☐	☐
......	☐	☐
......	☐	☐
......	☐	☐

liste de courses

Carnet de suivi

Date

Horaire du repas

Heure	Nourriture	Quantité

Horaire de sommeil

Début	Fin	Temps total

Activités

baby

Notes

....
....
....
....
....

liste de courses

Couches

Temps	pipi	caca
....	☐	☐
....	☐	☐
....	☐	☐
....	☐	☐
....	☐	☐
....	☐	☐
....	☐	☐
....	☐	☐

Carnet de suivi

Date

Horaire du repas

Heure	Nourriture	Quantité

Horaire de sommeil

Début	Fin	Temps total

Activités

baby

Notes

....
....
....
....
....

liste de courses

Couches

Temps	pipi	caca
.....	☐	☐
.....	☐	☐
.....	☐	☐
.....	☐	☐
.....	☐	☐
.....	☐	☐
.....	☐	☐
.....	☐	☐
.....	☐	☐

Carnet de suivi

Date

Horaire du repas

Heure	Nourriture	Quantité

Horaire de sommeil

Début	Fin	Temps total

Activités

baby

Notes

....

....

....

....

....

liste de courses

Couches

Temps	pipi	caca
....	☐	☐
....	☐	☐
....	☐	☐
....	☐	☐
....	☐	☐
....	☐	☐
....	☐	☐
....	☐	☐

Carnet de suivi

Date

Horaire du repas

Heure	Nourriture	Quantité

Horaire de sommeil

Début	Fin	Temps total

Activités

baby

Notes

....
....
....
....
....

liste de courses

Couches

Temps	pipi	caca
....	☐	☐
....	☐	☐
....	☐	☐
....	☐	☐
....	☐	☐
....	☐	☐
....	☐	☐
....	☐	☐

Carnet de suivi

Date

Horaire du repas

Heure	Nourriture	Quantité

Horaire de sommeil

Début	Fin	Temps total

Activités

baby

Notes

....
....
....
....
....

liste de courses

Couches

Temps	pipi	caca
....	☐	☐
....	☐	☐
....	☐	☐
....	☐	☐
....	☐	☐
....	☐	☐
....	☐	☐
....	☐	☐

Carnet de suivi

Date

Horaire du repas

Heure	Nourriture	Quantité

Horaire de sommeil

Début	Fin	Temps total

Activités

baby

Notes

....
....
....
....
....

liste de courses

Couches

Temps	pipi	caca
.....	☐	☐
.....	☐	☐
.....	☐	☐
.....	☐	☐
.....	☐	☐
.....	☐	☐
.....	☐	☐
.....	☐	☐

Carnet de suivi

Date

Horaire du repas

Heure	Nourriture	Quantité

Horaire de sommeil

Début	Fin	Temps total

Activités

baby

Notes

....
....
....
....
....

liste de courses

Couches

Temps	pipi	caca
....	☐	☐
....	☐	☐
....	☐	☐
....	☐	☐
....	☐	☐
....	☐	☐
....	☐	☐
....	☐	☐

Carnet de suivi

Date:

Horaire du repas

Heure	Nourriture	Quantité

Horaire de sommeil

Début	Fin	Temps total

Activités

baby

Notes

....
....
....
....
....

liste de courses

Couches

Temps	pipi	caca
......	☐	☐
......	☐	☐
......	☐	☐
......	☐	☐
......	☐	☐
......	☐	☐
......	☐	☐
......	☐	☐

Carnet de suivi

Date

Horaire du repas

Heure	Nourriture	Quantité

Horaire de sommeil

Début	Fin	Temps total

Activités

baby

Notes

....
....
....
....
....

liste de courses

Couches

Temps	pipi	caca
......	☐	☐
......	☐	☐
......	☐	☐
......	☐	☐
......	☐	☐
......	☐	☐
......	☐	☐
......	☐	☐

Carnet de suivi

Date

Horaire du repas

Heure	Nourriture	Quantité

Horaire de sommeil

Début	Fin	Temps total

Activités

baby

Notes

....
....
....
....
....

liste de courses

Couches

Temps	pipi	caca
.....	☐	☐
.....	☐	☐
.....	☐	☐
.....	☐	☐
.....	☐	☐
.....	☐	☐
.....	☐	☐
.....	☐	☐

Carnet de suivi

Date

Horaire du repas

Heure	Nourriture	Quantité

Horaire de sommeil

Début	Fin	Temps total

Activités

baby

Notes

....
....
....
....

liste de courses

Couches

Temps	pipi	caca
....	☐	☐
....	☐	☐
....	☐	☐
....	☐	☐
....	☐	☐
....	☐	☐
....	☐	☐
....	☐	☐
....	☐	☐

Carnet de suivi

Date

Horaire du repas

Heure	Nourriture	Quantité

Horaire de sommeil

Début	Fin	Temps total

Activités

baby

Notes

....
....
....
....
....

liste de courses

Couches

Temps	pipi	caca
....	☐	☐
....	☐	☐
....	☐	☐
....	☐	☐
....	☐	☐
....	☐	☐
....	☐	☐
....	☐	☐
....	☐	☐

Carnet de suivi

Date

Horaire du repas

Heure	Nourriture	Quantité

Horaire de sommeil

Début	Fin	Temps total

Activités

baby

Notes

....
....
....
....
....

liste de courses

Couches

Temps	pipi	caca
....	☐	☐
....	☐	☐
....	☐	☐
....	☐	☐
....	☐	☐
....	☐	☐
....	☐	☐
....	☐	☐

Carnet de suivi

Date

Horaire du repas

Heure	Nourriture	Quantité

Horaire de sommeil

Début	Fin	Temps total

Activités

baby

Notes

....
....
....
....
....

liste de courses

Couches

Temps	pipi	caca
......	☐	☐
......	☐	☐
......	☐	☐
......	☐	☐
......	☐	☐
......	☐	☐
......	☐	☐
......	☐	☐
......	☐	☐

Carnet de suivi

Date

Horaire du repas

Heure	Nourriture	Quantité

Horaire de sommeil

Début	Fin	Temps total

Activités

baby

Notes

....
....
....
....
....

liste de courses

Couches

Temps	pipi	caca
....	☐	☐
....	☐	☐
....	☐	☐
....	☐	☐
....	☐	☐
....	☐	☐
....	☐	☐
....	☐	☐

Carnet de suivi

Date

Horaire du repas

Heure	Nourriture	Quantité

Horaire de sommeil

Début	Fin	Temps total

Activités

baby

Notes

....
....
....
....
....

liste de courses

Couches

Temps	pipi	caca
....	☐	☐
....	☐	☐
....	☐	☐
....	☐	☐
....	☐	☐
....	☐	☐
....	☐	☐
....	☐	☐

Carnet de suivi

Date

Horaire du repas

Heure	Nourriture	Quantité

Horaire de sommeil

Début	Fin	Temps total

Activités

baby

Notes

....
....
....
....
....

liste de courses

Couches

Temps	pipi	caca
.....	☐	☐
.....	☐	☐
.....	☐	☐
.....	☐	☐
.....	☐	☐
.....	☐	☐
.....	☐	☐
.....	☐	☐

Carnet de suivi

Date

Horaire du repas

Heure	Nourriture	Quantité

Horaire de sommeil

Début	Fin	Temps total

Activités

baby

Notes

....

....

....

....

....

liste de courses

Couches

Temps	pipi	caca
....	☐	☐
....	☐	☐
....	☐	☐
....	☐	☐
....	☐	☐
....	☐	☐
....	☐	☐
....	☐	☐
....	☐	☐

Carnet de suivi

Date

Horaire du repas

Heure	Nourriture	Quantité

Horaire de sommeil

Début	Fin	Temps total

Activités

baby

Notes

....
....
....
....
....

liste de courses

Couches

Temps	pipi	caca
....	☐	☐
....	☐	☐
....	☐	☐
....	☐	☐
....	☐	☐
....	☐	☐
....	☐	☐
....	☐	☐

Carnet de suivi

Date

Horaire du repas

Heure	Nourriture	Quantité

Horaire de sommeil

Début	Fin	Temps total

Activités

baby

Notes

....
....
....
....
....

liste de courses

Couches

Temps	pipi	caca
......	☐	☐
......	☐	☐
......	☐	☐
......	☐	☐
......	☐	☐
......	☐	☐
......	☐	☐
......	☐	☐

Carnet de suivi

Date

Horaire du repas

Heure	Nourriture	Quantité

Horaire de sommeil

Début	Fin	Temps total

Activités

baby

Notes

....
....
....
....
....

liste de courses

Couches

Temps	pipi	caca
....	☐	☐
....	☐	☐
....	☐	☐
....	☐	☐
....	☐	☐
....	☐	☐
....	☐	☐
....	☐	☐

Carnet de suivi

Date

Horaire du repas

Heure	Nourriture	Quantité

Horaire de sommeil

Début	Fin	Temps total

Activités

baby

Notes

Couches

Temps	pipi	caca
.....	☐	☐
.....	☐	☐
.....	☐	☐
.....	☐	☐
.....	☐	☐
.....	☐	☐
.....	☐	☐
.....	☐	☐

liste de courses

Carnet de suivi

Date

Horaire du repas

Heure	Nourriture	Quantité

Horaire de sommeil

Début	Fin	Temps total

Activités

baby

Notes

....
....
....
....
....

liste de courses

Couches

Temps	pipi	caca
………	☐	☐
………	☐	☐
………	☐	☐
………	☐	☐
………	☐	☐
………	☐	☐
………	☐	☐
………	☐	☐

Carnet de suivi

Date

Horaire du repas

Heure	Nourriture	Quantité

Horaire de sommeil

Début	Fin	Temps total

Activités

baby

Notes

Couches

Temps	pipi	caca
......	☐	☐
......	☐	☐
......	☐	☐
......	☐	☐
......	☐	☐
......	☐	☐
......	☐	☐
......	☐	☐

liste de courses

Carnet de suivi

Date

Horaire du repas

Heure	Nourriture	Quantité

Horaire de sommeil

Début	Fin	Temps total

Activités

baby

Notes

....
....
....
....
....

liste de courses

Couches

Temps	pipi	caca
....	☐	☐
....	☐	☐
....	☐	☐
....	☐	☐
....	☐	☐
....	☐	☐
....	☐	☐
....	☐	☐

Carnet de suivi

Date

Horaire du repas

Heure	Nourriture	Quantité

Horaire de sommeil

Début	Fin	Temps total

Activités

baby

Notes

....
....
....
....
....

liste de courses

Couches

Temps	pipi	caca
......	☐	☐
......	☐	☐
......	☐	☐
......	☐	☐
......	☐	☐
......	☐	☐
......	☐	☐
......	☐	☐

Carnet de suivi

Date

Horaire du repas

Heure	Nourriture	Quantité

Horaire de sommeil

Début	Fin	Temps total

Activités

baby

Notes

....
....
....
....
....

liste de courses

Couches

Temps	pipi	caca
......	☐	☐
......	☐	☐
......	☐	☐
......	☐	☐
......	☐	☐
......	☐	☐
......	☐	☐
......	☐	☐

Carnet de suivi

Date

Horaire du repas

Heure	Nourriture	Quantité

Horaire de sommeil

Début	Fin	Temps total

Activités

baby

Notes

....
....
....
....
....

liste de courses

Couches

Temps	pipi	caca
.....	☐	☐
.....	☐	☐
.....	☐	☐
.....	☐	☐
.....	☐	☐
.....	☐	☐
.....	☐	☐
.....	☐	☐
.....	☐	☐

Carnet de suivi

Date

Horaire du repas

Heure	Nourriture	Quantité

Horaire de sommeil

Début	Fin	Temps total

Activités

baby

Notes

....
....
....
....
....

liste de courses

Couches

Temps	pipi	caca
....	☐	☐
....	☐	☐
....	☐	☐
....	☐	☐
....	☐	☐
....	☐	☐
....	☐	☐
....	☐	☐

Carnet de suivi

Date

Horaire du repas

Heure	Nourriture	Quantité

Horaire de sommeil

Début	Fin	Temps total

Activités

baby

Notes

....
....
....
....
....

liste de courses

Couches

Temps	pipi	caca
......	☐	☐
......	☐	☐
......	☐	☐
......	☐	☐
......	☐	☐
......	☐	☐
......	☐	☐
......	☐	☐

Carnet de suivi

Date

Horaire du repas

Heure	Nourriture	Quantité

Horaire de sommeil

Début	Fin	Temps total

Activités

baby

Notes

....
....
....
....
....

liste de courses

Couches

Temps	pipi	caca
......	☐	☐
......	☐	☐
......	☐	☐
......	☐	☐
......	☐	☐
......	☐	☐
......	☐	☐
......	☐	☐

Carnet de suivi

Date

Horaire du repas

Heure	Nourriture	Quantité

Horaire de sommeil

Début	Fin	Temps total

Activités

baby

Notes

···
···
···
···
···

liste de courses

Couches

Temps	pipi	caca
······	☐	☐
······	☐	☐
······	☐	☐
······	☐	☐
······	☐	☐
······	☐	☐
······	☐	☐
······	☐	☐

Printed by Amazon Italia Logistica S.r.l.
Torrazza Piemonte (TO), Italy